ESCRITO POR

CEZAR SAID e OLIVER CARATSCH

ILUSTRADO POR

RAFAEL SANCHES

A HISTÓRIA
DE UM
GOLAÇO

boanova
editora

"Noutra acepção, a fé se diz da confiança que se tem no cumprimento de uma coisa, da certeza de atingir um fim; ela dá uma espécie de lucidez que faz ver, no pensamento, o fim para o qual se tende e os meios de atingi-lo, de sorte que aquele que a possui caminha, por assim dizer, com certeza."

(*O Evangelho segundo o Espiritismo*, Cap. 19, item 3)

Esta é a incrível, inesquecível e verdadeira história do pequeno Oliver, um menino que conseguiu fazer uma coisa realmente fantástica. Assim como seu pai, ele adora futebol, está sempre treinando para poder melhorar seus dribles, chutes, passes, lançamentos, cobranças de falta e também pênaltis.

Por isso, ele treina com o pai, o avô,
o primo, os tios e ainda participa de
uma escolinha de futebol.

ESCOLINHA
DE FUTEBOL

4

Seus desenhos preferidos envolvem círculos, esferas e bolas. Algumas frutas fazem ele se lembrar de uma bola, como a laranja, a melancia, o limão e a goiaba.

Até nas aulas sobre o Sistema Solar ele vê jogo de futebol, imaginando cada planeta como uma bola diferente.

Mas, afinal, o que ele fez de tão incrível assim?

Seu primo fez aniversário
e convidou amigos e
amigas para uma partida
de futebol comemorativa.
Jogaram até se cansar;
divertiram-se muito.
Oliver, é claro, não poderia
ter recusado esse convite.

Divididos os times mistos,
com meninos e meninas, o
jogo começou.
Bola pra lá, bola pra cá.
Ataques e defesas.
Chutes, passes, dribles,
laterais, escanteios e
algumas faltas apontadas
pelo juiz, que era seu avô.

Mas nesse jogo não tinha impedimento, não. De repente, Oliver recebeu duas boladas seguidas e fortes: uma no peito e outra nas costas. Sentiu dor e quase chorou.

Isso o deixou desanimado para continuar, e até com um pouco de medo.

Pediu para sair e foi se sentar na arquibancada para se recuperar do susto, tomar uma água, respirar e pensar melhor.

Ficou assistindo à turma jogar, em dúvida sobre se deveria ou não voltar.
"Volto ou não volto? Jogo ou não jogo?
E se eu tomar mais uma bolada? E se for na minha cara?"
Vendo que ele estava sozinho, seu tio veio saber o porquê
de ele não estar mais jogando.

Nesse momento, sua irmã Gabriela marcou um gol e comemorou muito.
O tio aproveitou e perguntou:
— Foi você quem ensinou sua irmã a chutar?

— Não, ela aprendeu sozinha. Ela
é muito esperta.
— Vocês dois jogam bem. Mas você
precisa voltar; você joga muito
e tem um bom chute.
E nada de ele se resolver. Os pensamentos
dele eram assim:
"Vai ver que futebol não é para mim."
"De repente, não tenho altura
para jogar com eles."
"O meu tio quer me animar, mas no fundo
ele sabe que eu não sou bom de bola."
"Como eu gostaria de fazer um gol,
não um golzinho, mas um golzão,
desses que merecem até prêmio."
"Todo mundo se divertindo e eu aqui
parado, com medo de uma nova bolada."

Estava com esses pensamentos na cabeça quando a bola chutada pelo primo veio quicando até o lugar onde estava sentado.

Sem se levantar, ele fez algumas embaixadinhas com
os dois pés, jogou a bola para cima e devolveu de cabeça.
Todos aplaudiram, maravilhados:
— Oh!

E um colega cochichou com outro:
— Ele é muito bom!
E o outro respondeu:
— É, joga muito…
Todos o chamaram para voltar:
— Vem, Oliver!

Desta vez foram outros pensamentos que tomaram conta de Oliver. Ele se lembrou de um estudo realizado em seu lar. O livro dizia que "[...] o Cristo, que realizou milagres materiais, mostrou, por esses mesmos milagres, o que pode o homem quando tem fé, quer dizer, a vontade de querer, e a certeza de que essa vontade pode receber seu cumprimento". (*O Evangelho segundo o Espiritismo*, Cap.19, item 12)

Ele então se encheu de coragem e fé em si mesmo. Estufou o peito, respirou bem fundo e voltou, sem pensar no que tinha acontecido e sem medo de tomar novas boladas.

Foi poucos minutos depois
de pisar na quadra que tudo
aconteceu...
Um foguete!
Um raio!
Um tiro de canhão!
Uma bomba poderosa!
Uma explosão de vulcão!

22

Meu Deus, o que
tinha sido aquilo?
Ele matou a bola no peito,
olhou para a
frente e ouviu seu
tio Anderson gritar:

23

— Chuta, chuta de longe mesmo, chuta daí, chuta de qualquer jeito! Vai! Sem pensar em mais nada, ele simplesmente deu um chutaço poderoso, que fez uma curva, passando por cima de todos, dos mais baixos aos mais altos, numa velocidade incrivelmente fantástica, e encobriu o goleiro do time adversário. E o goleiro caiu sentado dentro do gol.

Foi um...

O time todo correu para abraçá-lo, levantando-o como se
ele fosse um troféu e gritando seu nome sem parar:
— Oliver! Oliver! Oliver!

Foi uma zoeira só.
O goleiro que levou o gol, envergonhado,
até desistiu de jogar.
Depois dos parabéns, dos doces e das bebidas, quando foram
jogar de novo, alguém disse que um dos times estava muito
forte, mas um garoto falou baixinho no ouvido do colega:
— Não liga, eles não têm o Oliver, nós é que
temos ele. Fique tranquilo!

No dia seguinte, na escola de seu primo,
todos só falavam naquele golaço
que Oliver tinha feito. Diziam:
— Ele é muito bom!
— Ele tem um chute poderoso!
— Ele é o cara!
Aquele gol foi especial e ficou na memória
daquela turma, que viu um garotinho
dar um chutão de superação, um chutão de
quem acreditava ser capaz porque decidiu
tentar de novo, insistir e não desistir.

Levamos o livro espírita cada vez mais longe!

Av. Porto Ferreira, 1031 | Parque Iracema
CEP 15809-020 | Catanduva-SP

www.**boanova**.net

boanova@boanova.net

17 3531.4444

17 99257.5523

Siga-nos em nossas redes sociais.

@boanovaed   boanovaeditora

CURTA, COMENTE, COMPARTILHE E SALVE.
utilize #boanovaeditora

Acesse nossa loja   Fale pelo whatsapp